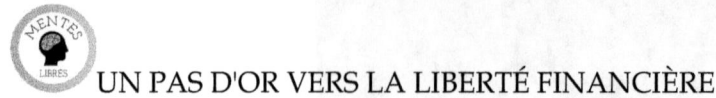 UN PAS D'OR VERS LA LIBERTÉ FINANCIÈRE

UN PAS D'OR VERS LA LIBERTÉ FINANCIÈRE

 UN PAS D'OR VERS LA LIBERTÉ FINANCIÈRE

CONTENU

Nous commençons

Notre façon de penser

Ce que nous faisons dans nos vies

Jouez gagnant ou perdant

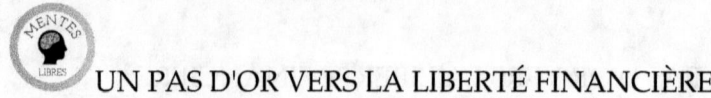

Nous commençons

Les pensées conduisent à des sentiments, les sentiments conduisent à des activités, et les activités conduisent à des résultats. Tout commence avec vos pensées, qui sont produites par votre cerveau. N'est-il pas étonnant que notre cerveau soit pratiquement le fondement de notre vie et que la plupart d'entre nous n'aient aucune idée du fonctionnement de ce puissant appareil? Commençons donc par examiner simplement comment fonctionne votre cerveau. Métaphoriquement, votre esprit n'est rien d'autre qu'un énorme classeur, semblable à celui que vous trouveriez dans votre bureau ou chez vous. Toutes les données qui arrivent sont étiquetées et classées dans des dossiers afin qu'il soit facile de les récupérer pour vous aider à survivre.

Vous avez entendu? Je n'ai pas dit de prospérer, j'ai dit de survivre.

Dans chaque situation, vous allez consulter les fichiers de votre cerveau pour déterminer comment réagir. Disons, par exemple, que vous envisagez une opportunité financière. Vous allez automatiquement dans votre dossier étiqueté comme argent liquide et de là, vous décidez de ce qu'il faut faire. Les seules pensées que vous pouvez avoir au sujet de l'argent liquide sont celles qui sont stockées dans votre dossier d'argent liquide. C'est tout ce à quoi vous pouvez penser, parce que c'est tout ce qu'il y a dans votre cerveau sous cette catégorie.

Voyons comment utiliser ces fichiers correctement.

Les secrets du subconscient d'un millionnaire...

Comment transférer votre plan financier pour créer une richesse illimitée en pilotage automatique à l'ère d'Internet.

Notre façon de penser

Vous décidez en fonction de ce qui vous semble logique, judicieux et approprié pour vous à ce moment-là. Vous faites ce qui vous semble être le bon choix. Le fait est, cependant, que votre bon choix risque de ne pas être couronné de succès. En fait, ce qui est parfaitement sensé pour vous pourrait constamment produire des résultats complètement médiocres. Par exemple, disons que je suis au centre commercial. Je vois ce sac vert en vente avec une réduction de 25 %. Je me rends immédiatement à mon dossier cérébral avec la question "Dois-je prendre ce sac ? En une nanoseconde, mon cerveau me répond : "Tu cherchais un sac vert pour aller avec les chaussures vertes que tu as achetées la semaine dernière. Compare-le !" En courant vers la caisse, mon cerveau est non seulement excité d'avoir ce beau sac, mais il brille de fierté car il est à 25% de réduction.

À mon avis, cet achat est très sensé. Cependant, à aucun moment, mon cerveau ne s'est dit : "C'est vrai, c'est un très beau sac, et c'est vrai, c'est une bonne affaire, mais aujourd'hui, j'ai une dette de 3 000 dollars, alors je ferais mieux d'attendre". Je n'ai pas trouvé ces données parce qu'aucun fichier dans mon cerveau ne les contient. Le dossier "Quand on est endetté, on n'achète plus" n'a jamais été établi et n'existe pas, ce qui signifie que le choix spécifique n'est pas une option.

Vous me comprenez?

Nos cerveaux

Si vous avez des dossiers dans votre cabinet qui ne sont pas favorables à la réussite financière, ce seront les seules décisions que vous pourrez prendre. Ils seront instinctifs, automatiques et vous sembleront très logiques. Mais, en fin de compte, ils produiront toujours un échec financier ou, au mieux, de la médiocrité.

À l'inverse, si vous avez des dossiers de cerveau qui soutiennent la réussite financière, vous trouverez naturellement et automatiquement des options qui produisent le succès. Vous n'aurez pas à l'envisager. Votre façon normale de penser vous mènera au succès, un peu comme Donald Trump. Votre façon normale de penser produit de la richesse.

En matière d'argent, ne serait-il pas étonnant que vous puissiez réfléchir de façon intrinsèque à la façon dont les gens riches pensent? Eh bien, vous pouvez! Le mouvement d'ouverture à tout changement est la conscience, ce qui signifie que le mouvement d'ouverture à penser comme les riches pensent est de savoir comment les riches pensent.

Les individus riches pensent très différemment des individus pauvres et de la classe moyenne. Ils pensent différemment à l'argent, à la richesse, à eux-mêmes, aux autres et à tous les autres aspects de la vie. Nous allons examiner certaines de ces différences et, dans le cadre de votre reconditionnement, installer des "fichiers de richesse" alternatifs dans votre cerveau.

Les nouveaux dossiers offrent de nouvelles possibilités. Vous pouvez vous surprendre à penser comme les pauvres et les classes moyennes et à vous concentrer consciemment sur la façon dont les riches pensent. N'oubliez pas que vous pouvez décider de penser de manière à favoriser votre bonheur et votre réussite plutôt que de ne pas le faire.

Quelques précautions pour vous aider à démarrer. En aucun cas, je ne veux dégrader les individus pauvres. Je ne pense pas que les riches soient meilleurs que les pauvres. Ils sont juste plus riches. En même temps, je veux m'assurer qu'ils comprennent le message, donc je vais faire des distinctions entre les riches et les pauvres aussi extrêmes que possible.

Quand je parle des riches, des pauvres et des classes moyennes, je parle de leur façon de penser, de la façon dont les gens pensent et agissent au lieu de la quantité d'argent qu'ils ont ou de leur valeur pour la société.

Je vais généraliser. Là encore, mon objectif est de m'assurer que vous comprenez l'intérêt de chaque principe et que vous l'utilisez. En général, je ne ferai pas toujours référence à la classe moyenne en particulier, car les individus de la classe moyenne ont généralement un mélange de mentalités riches et pauvres.

Plusieurs de ces préceptes peuvent sembler porter davantage sur les habitudes et les activités que sur les modes de pensée. Nos activités viennent de nos sentiments, qui viennent de nos pensées. Par conséquent, toute activité riche est précédée d'un mode de pensée riche.

Enfin, je vous demanderai d'être prêt à renoncer à avoir raison! Ce que je veux dire par là, c'est que vous devriez être prêt à renoncer à devoir le faire à votre façon. Pourquoi?

Parce que votre façon de faire vous a donné précisément ce que vous avez aujourd'hui. Si vous voulez continuer à faire la même chose, continuez à le faire à votre façon. Cependant, si vous n'êtes pas encore riche, il est peut-être temps d'envisager une autre solution. C'est à vous de décider. Les concepts que vous allez apprendre sont simples mais profonds.

Ils apportent de réels changements pour de vrais individus dans la vie réelle. Si vous les apprenez et les utilisez, je suis sûr qu'ils transformeront aussi votre vie.

À la fin de chaque section, vous trouverez une proclamation et un mouvement physique pour l'"ancrer" dans votre corps. De même, vous trouverez des activités qui vous aideront à acquérir ces archives de la richesse. Il est crucial que vous mettiez chaque dossier en action dans votre vie le plus rapidement possible afin que la connaissance puisse se déplacer sur un plan physique, cellulaire et produire un changement durable et permanent.

La plupart des individus comprennent que nous sommes des créatures d'habitudes, mais ce qu'ils ne reconnaissent pas, c'est qu'il existe en fait deux types d'habitudes : les habitudes de faire et les habitudes de ne pas faire. Tout ce que vous ne faites pas en ce moment, vous le faites avec une habitude de ne pas le faire.

La seule façon de changer ces habitudes de ne pas faire en habitudes de faire est de les faire. Étudier vous aidera, mais c'est un tout autre monde quand vous passez des études à la pratique. Si vous voulez vraiment réussir, essayez-le et faites les activités proposées.

 UN PAS D'OR VERS LA LIBERTÉ FINANCIÈRE

Ce que nous faisons dans nos vies

Si vous voulez produire des richesses, il est essentiel que vous ayez confiance en vous et que vous soyez maître de votre vie, notamment de votre vie financière. Si vous n'avez pas confiance en cela, alors vous devez avoir la certitude que vous n'avez que peu ou pas de contrôle sur votre vie, et donc que vous n'avez que peu ou pas de contrôle sur votre réussite financière. Ce n'est pas une attitude de richesse.

Avez-vous déjà remarqué que ce sont généralement les personnes pauvres qui dépensent une fortune à la loterie? Ils croient en fait que leur richesse va venir de quelqu'un qui choisit leur nom dans un chapeau. Bien sûr, tout le monde veut gagner à la loterie, et même les personnes riches jouent pour s'amuser de temps en temps. Mais d'une part, ils ne dépensent pas la moitié de leur salaire en billets et d'autre part, gagner à la loterie n'est pas leur principal "plan" pour produire de la richesse.

Vous devez avoir confiance que c'est vous qui produisez votre succès, que c'est vous qui produisez votre médiocrité, et que c'est vous qui produisez votre lutte autour de l'argent et du succès. Consciemment ou inconsciemment, vous êtes toujours vous. Au lieu d'assumer la responsabilité de ce qui se passe dans leur vie, les pauvres choisissent de jouer le rôle de victime. La pensée prédominante d'une victime est souvent "pauvre de moi". So presto, selon la loi de l'intention, c'est littéralement ce que les victimes obtiennent: Elles deviennent "pauvres".

Notez que j'ai dit qu'ils jouent le rôle de la victime. Je n'ai pas dit qu'ils étaient des victimes. Je ne pense pas que quiconque soit une victime. Je pense que les individus jouent le rôle de victime parce qu'ils croient que cela leur donne quelque chose.

Ce que nous obtenons

Comment savoir quand des individus jouent le rôle de la victime ? Ils laissent trois indices évidents.

Piste 1: Échec

Lorsqu'il s'agit de savoir pourquoi elles ne sont pas riches, la plupart des victimes sont des professionnels du "jeu des reproches". Le but de ce jeu est de voir combien d'individus et de conditions vous pouvez pointer du doigt sans jamais vous voir. Au moins, c'est amusant pour les victimes. Malheureusement, ce n'est pas aussi amusant pour ceux qui ont la malchance d'être avec eux. C'est parce que ceux qui sont proches des victimes deviennent des cibles faciles.

Les victimes accusent le système économique, le gouvernement, la bourse, leur agent de change, leur type d'entreprise, leur employeur, leurs employés, leur directeur, le bureau à domicile, leur ligne ascendante ou descendante, le service clientèle, le service des expéditions, leur partenaire, leur collègue, le pouvoir supérieur et, bien entendu, elles accusent toujours leurs parents. C'est toujours quelqu'un d'autre ou quelque chose d'autre qui est à blâmer. Le problème, c'est tout ou rien, sauf eux.

Piste 2: Rationaliser

Si les victimes ne sont pas coupables, vous les trouverez souvent en train de rationaliser leur situation en disant quelque chose comme "l'argent n'est pas vraiment important". Laissez-moi vous poser cette question : si vous disiez que votre partenaire, ou votre petit ami, ou votre partenaire ou votre ami, n'est pas si important, est-ce que l'un d'entre eux serait là pour longtemps? Je ne pense pas, et l'argent non plus!

Auriez-vous une moto si ce n'était pas important pour vous? Bien sûr que non. Auriez-vous un animal de compagnie si ce n'était pas important pour vous? Bien sûr, je ne le ferais pas. De la même manière, si vous ne pensez pas que l'argent est important, vous n'en aurez pas.

Vous pouvez éblouir vos connaissances grâce à cet aperçu. Imaginez que vous êtes dans une conversation avec une connaissance qui vous dit: "L'argent n'est pas important. Mettez votre main sur son front et levez les yeux comme si vous receviez un message du ciel, puis criez: "Vous êtes fauché! Ce à quoi votre connaissance scandalisée répondra sans doute: "Comment l'avez-vous su ? Puis vous tendez la main et répondez: "Que voulez-vous savoir d'autre? 50 dollars, s'il vous plaît! Permettez-moi de le dire sans ambages: quiconque dit que l'argent liquide n'est pas important n'en a pas!

Les personnes riches comprennent l'importance de l'argent liquide et la place qu'il occupe dans notre société. D'autre part, les individus pauvres valident leur maladresse financière en utilisant des comparaisons non pertinentes. Ils diront: "Eh bien, l'argent n'est pas aussi important que l'amour. Cette comparaison est-elle dense ou quoi? Qu'est-ce qui est le plus crucial, votre bras ou votre jambe? Peut-être qu'ils sont tous les deux importants.

Écoutez, mes amis: l'argent est extrêmement important dans les domaines où il fonctionne, et extrêmement insignifiant dans les domaines où il ne fonctionne pas. Et si l'amour peut faire tourner le monde, il ne paie certainement pas la construction d'un hôpital, d'une église ou d'une maison. Elle ne nourrit personne non plus. Aucun individu riche ne croit que l'argent n'a pas de sens.

Piste 3: Gémissements

Se plaindre est la pire chose que vous puissiez faire pour votre santé ou votre richesse. La pire! Pourquoi? Je suis un grand croyant en la loi universelle qui dit : "Ce qui vous centre s'étend".

Lorsque vous vous plaignez, sur quoi vous concentrez-vous, qu'est-ce qui est bien ou mal dans votre vie ? Il est évident que vous vous concentrez sur ce qui ne va pas, et à mesure que ce sur quoi vous vous concentrez s'étend, vous continuerez à acquérir davantage de ce qui ne va pas. De nombreux enseignants dans le domaine du développement personnel discutent de la loi de l'attraction. Il est dit que "ce qui est égal attire ce qui est égal", ce qui signifie que lorsque vous vous plaignez, vous attirez en fait des "déchets" dans votre vie.

Avez-vous déjà remarqué que les pleurnicheurs ont souvent une mauvaise vie? Il semble que tout ce qui pourrait mal tourner les laisse tomber. Ils disent : "Naturellement, je me plains, regardez comme ma vie est mauvaise." Et maintenant que vous savez mieux, vous pouvez leur expliquer: "Non, c'est parce que vous vous plaignez que votre vie est si minable. Tais-toi... et ne restez pas à côté de moi!"

Ce qui nous amène à un autre point. Vous devez vous assurer de ne pas vous approcher des plaignants. Si vous devez être près d'eux, assurez-vous de porter un parapluie en acier ou la merde qui leur est destinée vous attrapera aussi!

Voici quelques préparatifs qui, je vous le promets, changeront votre vie. Pendant les sept prochains jours, je vous défie de ne pas vous plaindre du tout. Pas seulement à voix haute, mais aussi dans votre tête. Mais vous devez le faire pendant les 7 jours, qu'en dites-vous? En effet, les premiers jours, il se peut que vous ayez encore des "déchets résiduels" provenant d'avant. Malheureusement, les déchets ne voyagent pas à la vitesse de la lumière, vous savez, ils voyagent à la vitesse des ordures, donc cela peut prendre un certain temps pour les nettoyer.

Les erreurs, la rationalisation et les pleurnicheries sont comme des pilules. Ce ne sont que des réducteurs de stress. Ils soulagent le stress de l'échec. Pensez-y. Si un individu n'échouait pas d'une manière ou d'une autre, devrait-il échouer, rationaliser ou se plaindre? La réponse évidente est non.

Désormais, lorsque vous vous entendez échouer, rationaliser ou vous plaindre de manière désastreuse, cessez immédiatement de le faire. Rappelez-vous que vous produisez votre vie et qu'à chaque instant vous attirerez le succès ou la merde dans votre vie. Il est essentiel que vous choisissiez vos pensées et vos mots avec sagesse!

Vous êtes maintenant prêt à entendre l'un des plus grands secrets du monde. Êtes-vous prêt? Lisez bien ceci: il n'existe pas de victime vraiment riche ! Vous comprenez? D'ailleurs, qui écouterait? "Whaa, j'ai une égratignure sur mon yacht." A laquelle presque tout le monde répondrait: "Qui s'en soucie?"

Qu'est-ce que les individus retirent de leur statut de victime? La réponse est l'attention. Croyez-moi, il est presque impossible d'être vraiment heureux et de réussir quand on cherche perpétuellement à attirer l'attention. Parce que si c'est l'attention que vous voulez, vous êtes à la merci des autres.

Vous finissez souvent par être un "people pleaser" qui demande l'approbation. La recherche de l'attention est également un problème, car les individus ont tendance à faire des choses stupides pour l'obtenir.

Comme je l'ai dit, il n'y a pas de victime riche. Donc, pour rester une victime, les chercheurs d'attention s'assurent de ne jamais devenir riches. Il est temps de choisir. Vous pouvez être une victime ou vous pouvez être riche, mais vous ne pouvez pas être les deux.

Écoutez bien. Chaque fois, et je veux dire chaque fois que vous blâmez, rationalisez ou vous plaignez, vous vous coupez la gorge financièrement. Il est temps de reprendre votre pouvoir et de reconnaître que vous produisez tout dans votre vie et tout ce qui n'y est pas. Reconnaissez que vous produisez votre richesse, votre non-richesse et tous les niveaux intermédiaires.

Proclamation: Mettez la main sur le cœur et dites...

"Je produis le niveau précis de ma réussite financière!"

Touchez votre tête et déclarez...

"J'ai l'esprit d'un millionnaire!"

1. Chaque fois que vous vous surprenez à échouer, à rationaliser ou à pleurnicher, faites glisser votre index sur votre cou, comme une gâchette, pour vous indiquer que vous vous tranchez la gorge financièrement. Bien que ce geste puisse sembler un peu grossier à faire à soi-même, il n'est pas plus grossier que ce que l'on se fait à soi-même quand on blâme, rationalise ou se plaint, et il finira par atténuer ces habitudes destructrices.

2. Faire un "rapport". À la fin de chaque journée, notez une chose qui s'est bien passée et une autre qui ne s'est pas passée. Si d'autres personnes ont été impliquées, demandez: "Quel a été mon rôle dans la production de chacune de ces situations ? Cette simulation vous rendra responsable de votre vie et vous fera prendre conscience des techniques qui fonctionnent et de celles qui ne fonctionnent pas.

Jouez gagnant ou perdant

Les personnes pauvres jouent le jeu de l'argent sur la défense plutôt que sur l'attaque. Permettez-moi de vous poser la question suivante: si vous pratiquiez un sport ou un jeu purement défensif, quelles sont les chances de réussir dans ce jeu? La plupart des individus seraient d'accord, peu nombreux et lointains. Or, c'est précisément ainsi que la plupart des individus jouent le jeu de l'argent. Votre principale préoccupation est la survie et la sécurité plutôt que la production de richesse et d'abondance.

Quel est donc votre objectif? Quelle est votre véritable intention? L'objectif des personnes vraiment riches est d'avoir une richesse et une abondance monumentales. Pas seulement un peu d'argent, mais beaucoup d'argent. Quel est donc le grand objectif des individus pauvres? "Avoir assez pour payer les factures...Laissez-moi vous parler du pouvoir de l'intention. Lorsque votre intention est d'avoir assez pour payer les factures, c'est précisément ce que vous allez acquérir, assez pour payer les factures et pas un centime de plus.

Les individus de la classe moyenne vont au moins un pas plus loin... dommage que ce soit un pas de nain. Leur grand but dans la vie est aussi leur mot préféré dans le monde. Ils veulent simplement être "à l'aise". Je déteste vous annoncer la nouvelle, mais il y a une grande différence entre être à l'aise et être riche.

Réalisations

Je dois admettre que je ne l'ai pas toujours reconnu. Mais l'une des raisons pour lesquelles je suis convaincu d'avoir le droit d'écrire ce livre est que j'ai eu l'expérience d'être des trois côtés de la barrière proverbiale. J'ai été super fauché, comme quand j'ai dû emprunter un dollar pour l'essence dans ma voiture. Mais laissez-moi nuancer.

Tout d'abord, ce n'était pas ma voiture. Ensuite, ce dollar a été versé sous la forme de quatre pièces de 25 cents. Savez-vous combien il est embarrassant pour un adulte de payer l'essence avec quatre pièces de 25 cents?

Le gamin à la pompe à essence m'a regardé comme si j'étais une sorte de voleur de distributeur automatique, puis il a juste secoué la tête et ri. Je ne sais pas si vous pouvez le comprendre, mais c'était certainement l'un de mes points faibles financiers et malheureusement seulement l'un d'entre eux.

Une fois que je me suis organisé, j'ai atteint un niveau de confort. Le confort est agréable. Au moins, vous allez dans des restaurants décents pour changer. Mais je n'ai pu commander que du poulet. Il n'y a rien de mal au poulet, si c'est ce que vous voulez vraiment. Mais souvent, ce n'est pas le cas.

En fait, les personnes qui ne sont à l'aise que financièrement décident souvent de ce qu'elles vont manger en regardant le côté droit du menu, le côté prix. "Qu'est-ce que tu veux manger ce soir, ma chère?" "Je prends cette assiette à 8 dollars. Voyons ce que c'est. Surprise, c'est le poulet", pour la 19ème fois cette semaine!

Lorsque vous êtes à l'aise, vous n'osez pas laisser vos yeux voir le bas du menu, car si vous le faisiez, vous pourriez trouver les mots les plus interdits dans le dictionnaire de la classe moyenne : valeur marchande! Et même si vous êtes curieux, vous ne vous demanderez jamais quel est le prix réel. Tout d'abord, puisque vous savez que vous ne pouvez pas vous le permettre.

Deuxièmement, c'est franchement embarrassant quand on sait que le serveur ne vous croit pas quand vous lui dites que le plat coûte 46 dollars avec des accompagnements supplémentaires et que vous déclarez: "Vous savez quoi, d'une certaine manière, j'ai vraiment envie de poulet ce soir.

Je dois dire que pour moi personnellement, l'une des meilleures choses quand on est riche, c'est de ne plus avoir à voir les prix au menu. Je mange exactement ce que je veux manger, quel que soit le prix. Je peux vous assurer que je ne l'ai pas fait quand j'étais fauché ou à l'aise.

Tout se résume à ceci : si votre objectif est d'être à l'aise, il y a de fortes chances que vous ne deveniez jamais riche. Mais si votre objectif est d'être riche, vous finirez très probablement par être très à l'aise.

Parmi les principes que j'enseigne, il y a "Si vous tirez sur les étoiles, vous atteindrez la lune de toute façon. Les pauvres ne tirent même pas sur le toit de leur maison, et se demandent alors pourquoi ils ne réussissent pas. Eh bien, ils viennent d'apprendre.

Vous obtenez ce que vous voulez vraiment obtenir. Si vous voulez devenir riche, votre but doit être d'être riche. Ne pas avoir assez pour payer les factures, et pas seulement avoir assez pour être à l'aise. La richesse, c'est la richesse!

Proclamation: Mettez votre main sur votre coeur et votre état...

"C'est mon destin de devenir millionnaire et plus encore!"

Touchez votre tête et déclarez...

"J'ai l'esprit d'un millionnaire!"

1. Fixez deux objectifs financiers qui démontrent votre intention de produire de l'abondance, et non de la médiocrité ou de la pauvreté.

2. Notez les objectifs de "jouer pour gagner" pour vous-même :

A. le revenu annuel

B. Valeur nette

Rendez ces objectifs réalisables avec un calendrier honnête, mais en même temps n'oubliez pas de "viser les étoiles".

2. Allez dans un restaurant chic et commandez un repas à la "valeur marchande" sans demander combien il coûte. (Si les finances sont serrées, c'est bon de partager.) Pas de poulet !

ALLEZ DE L'AVANT!
CHOISIR VOTRE LIBERTÉ FINANCIÈRE

Visitez notre site web! Obtenez d'autres livres de MENTES LIBRES!

https://www.amazon.fr/MENTES-LIBRES/e/B08274DDV4?ref_=dbs_p_ebk_r00_abau_000000

Si vous le souhaitez, vous pouvez laisser votre commentaire sur ce livre en cliquant sur le lien suivant afin que nous puissions continuer à nous développer! Merci beaucoup pour votre achat!

https://www.amazon.fr/dp/B089BTMGGX

www.ingramcontent.com/pod-product-compliance
Lightning Source LLC
Chambersburg PA
CBHW050306220526
45465CB00002B/846